Brujas y algo más
Witches and Other Things

Latin American Literary Review Press

Yvette E. Miller
Editor

Brujas y algo más
Witches and Other Things

by
Marjorie Agosín

Translated by
Cola Franzen

LATIN AMERICAN LITERARY REVIEW PRESS
SERIES DISCOVERIES
PITTSBURGH, PENNSYLVANIA, 1984

The Latin American Literary Review Press publishes creative writing under the series title Discoveries, and critical works under the series title Explorations.

Library of Congress Cataloging in Publication Data

Agosin, Marjorie. 1955
    Brujas y algo más = Witches and other things.

    Text in Spanish and English.
    1. Chilean poetry—Translations into English
    2. English poetry—Translations from Spainsh. I. Title.
II. Title: Witches and other things.
PQ809.1.G6A23   1984   861   84-768
ISBN: O-935480-16-1

Brujas y algo más/Witches and Other Things can be ordered directly from the publisher:

Latin American Literary Review Press
P.O. Box 8385
Pittsburgh, Pennsylvania 15218

Some of the poems included in this volume have appeared in the following journals and anthologies:
1—*Spectacular Diseases,* no. 7, Fall, 1984: «My Country and the Post Office System,» «The Exile's Ballad,» «Prayer.»
2—*The Minnesota Review,* no. 21, Fall, 1983: «Cecile and Jacqueline» and «United States.»
3—*Revista Chicano-Riqueña,* Vol. XI, nos. 3 and 4, 1983: «La mesa de billar en New Bedford, MA,» «Estados Unidos,» «Los desaparecidos.»
4—*OARS,* 4, Fall, 1983: «The Disappeared Ones,» «Woman Without Papers.»
5—*Hispanics in the United States, An Anthology of Creative Literature,* Vol. II, 1982: «La indocumentada.»

I thank Wellesley College for their generous support of this project and The Latin American Literary Review.

Many friends have listened to these poems. I still hear their words of love and encouragement. Some of them have disappeared, others are dead, like María Luisa Bombal and my grandfather, José, but I still hear them and read to them often. To all of them, I dedicate this book, especially to Elena Gascón, my most honest and marvellous reader, to my parents, to Lori and Joy, and always to you, John.

Marjorie Agosín

Contents

Prólogo

Cuenta Marjorie Agosín que tuvo una niñez my feliz y que su mamá siempre le decía que en sus bolsillos tenía parte del universo y que lo único necesario para respirar eran las madreselvas. Lo cierto es que Marjorie no sólo ha respirado madreselvas. Por dos razones. Es chilena y es mujer. Y por si esto fuera poco, sabe del exilio. Nació en 1955 y se crió en Santiago y en Quisco, un pueblo vecino a Isla Negra. Sí, la Isla Negra de Neruda.

¿Qué tendrá la tierra de Chile que a los chilenos les hace amar los ajos y desenterrar las cebollas? Marjorie, como Neruda, le canta a la misma alquimia de olores terrenales, los plenos poderes de las finas hierbas, el pez lleno de sol, el cobre, el Sur, la Avenida Providencia. Su país «color de humo y planchas de carbón/que adormecidas empañan las casas de adobe/» la espera. Y la espera su casa y espera su puerta «con las llaves ocultas en la playa».

Antes del regreso, Marjorie escribe en Wellesley, esa escuela-mujer cubierta de mantos acogedores, donde casi todas las melenas son rubias y atardeceres dorados. Allí, en Wellesley, las mujeres aprenden a quererse a sí mismas, abrazadas al cristal de la ventana. Pero Marjorie tiene además otro amor, el del «ventisquero de vientos sobre las piedras andinas». Quiere regresar al patio de su casa, a la paz de las gallinas, a los limones en su lugar. Quiere regresar a esa carbonería celestial que es Chile.

Marjorie, la que regresa, se queda, sin embargo, en sus poemas que son los días, las horas, el minuto de locura de su biografía. Allí está la muchacha de 28 años que pide que la dejen vivir y habitarse. Es una criatura pequeña y sin embargo de buena alzada que camina sin cansarse, el corazón rebosante, fervorosa (un temblor de selva la recorre) indocumentada. Va diciéndose a sí misma en cada palabra, llena de valientes tentativas, castigada de destierro, enarbolando la bandera de Chile para que sepan que ella también es latina y es americana como lo somos muchos. Irreverente, Marjorie Agosín ríe las cosas, las baila, las hace saltar sobre sus rodillas, trompo a la uña, rehilete al aire, caballitos poéticos, rueda de la fortuna, carrusel de la muerte. Nos da una nueva versión del paraíso y advierte: «Me gustaría adormecerme/en la cadera de un gitano/ Imaginármela ondulante, redonda,/ de plata/ como una nupcial guitarra».

Pero cuando más me impresiona es cuando habla de la muerte, porque todas las mujeres caemos en eso, en nuestro cajón de muertos. Nos resulta más difícil encontrar razones comunes y corrientes de felicidad. Y eso que somos cotidianas. La muerte, ésa sí, la cantamos todas:

Emily Dickinson escribió:

«Si no estuviese viva
cuando la primavera se anunciara
dadle a aquel petirrojo
—como recuerdo mío-una migaja.

«Si porque duermo, ay, tan profundamente
no puedo dar las gracias
sabed que entre mis labios de granito
quedaron detenidas, las palabras.»

«Morir no hiere tanto.
Nos hiere más vivir.
Un modo diferente, una forma escondida
trás la puerta, es morir.»

Rosario Castellanos quien tradujo a su antecesora Emily, nos hizo, ella también, un encargo:

«Cuando yo muera dadme la muerte que me falta
y no me recordeis.
No repitáis mi nombre hasta que el aire sea nombre
transparente otra vez.»

Rosario también se pregunta:

«¿Qué se hace a la hora de morir? ¿Se vuelve la cara a la pared?
¿Se agarra por los hombros al que está cerca y oye?
¿Se echa uno a correr como el que tiene
las ropas incendiadas, para alcanzar el fín?»

También Marjorie, a los 29 años, decide heredarnos, pero sus órdenes son menos solemnes, nada es trágico, ni siquiera la propia muerte:

«El día que me muera
pido mucho sol
en el cementerio.

Ojalá que me piensen
como la loca que vestía
gorros de lana
en la raíz del verano
la loca que gozaba escupiendo

semillas, girasoles,
la vieja loca
vestida de celeste
y el cabello violeta,
la dama.

Memorícenme como esa que le hablaba
a la luna
y guardaba miradas en la tibieza de las manos.

No me despidan
acompáñenme a dar un paseíto por la tierra.»

Tres mujeres en el tiempo, tres mujeres frente a la propia muerte saben verse a sí mismas tendidas en el camposanto, sus manos cruzadas sobre su pecho, la tarea del día completada, la casa en orden. Los hombres no aceptan con tanta facilidad su muerte, las mujeres sí. Será porque se quieren menos. Marjorie Agosín, sin embargo, visualiza su entierro, pide sol la joven vieja loca, pide que recuerden sus versos eróticos, falocráticos, obscenéticos de poeta caliente aficionada a las uvas y al tinto. Porque Marjorie Agosín juega y disloca los días felices de los cuentos de hadas. «A Blanca Nieves los enanos / no la tuvieron de adorno/ hacía sus deberes/ hilaba calcetines/ y quién sabe cómo terminarían sus noches/». De «Caperucita Rojas y la Pluma» afirma: «Antes de escribir me perfumo toda/ para descarte mejor/». A la Cenicienta le advierte: «Sólo quise llegar a ti Cenicienta feucha/ sin reírme de tus pies desgraciadamente inmensos.» Combina a los lápices, falos del intelecto y se busca amantes de barba azul. Y nos hace partícipes culinarios de una sustanciosa sopa de pollos pellados. Su «Epitafio del barrio alto» resuena como una columna de oro en nuestros oídos.

Por eso al escuchar su promesa-grito: «Yo juro apoderarme de la palabra» le exigimos que nos la haga buena, porque tiene todo para hacer chillar a la palabra, torcerla, alisarla, amansarla y devolvérnosla florecida y resplandeciente como la rosa en la mano de los guerrilleros. Por lo tanto, a Marjorie Agosín le tomamos la palabra. Iremos con ella por los muros de la ciudad, sin fusil, haciendo nuestras pintas, viviéndonos, siguiendo al pie de la letra sus pies de niña en poza de agua bendita, su baile de ahogada, su melena de gata rubia, su pubis elevado, sus huesitos de exiliada que truenan como los del pájaro en la jaula, sus alegrías y neurosis, su indigestión y sus abortos, la acompañaremos en todos sus quereres, aunque calcemos los zapatos equivocados.

Elena Poniatowska

La Bruja me dicen

La bruja me dicen
porque regreso
a mi cueva
para estar más
cerca del
sol y de
la muerte
para celebrar
las señales del
agua y el
aquelarre de mi
soledad.

La bruja
porque rondan
entre las raíces
de mi escoba
papeles y fantasmas
sirenas-duendes
y el alfabeto
con el lápiz encendido
en la mano.

Bruja me dicen
por mi dorado cabello
como un incendio de foresta
por los ojos celestes como
cristales y adivinanzas.

Y si bruja soy
vengan a mí
para encender las velas
despeinarme el cabello
y bailar
en una orgía benigna
bailar
y escribir
unúltimoprimerpoema.

Witch They Call Me

Witch they call me
because I come back
to my cave
to be closer
to the sun and
to death
to celebrate
the signs of
water and the
witch's sabbath of my
solitude.

Witch
because roaming
among the roots
of my broom are
papers and ghosts
sirens-spirits
and the alphabet
with the pencil burning
in my hand.

Witch they call me
because of my golden hair
like a forest fire
because of my sky-blue eyes of
mirrors and conundrums.

And if I'm a witch
come to me
to light the candles
rumple my hair
and dance
in a benign orgy
dance
and write
alastfirstpoem.

Cuentos de hadas y algo más

A Blanca Nieves los enanos
no la tuvieron de adorno
hacía sus deberes
hilaba calcetines
y quién sabe
como terminarían sus noches
en un cuarto de siete precoces señores,
La Cenicienta cenizas,
tampoco muy bien la pasó
limpiando la ropa de los otros,
descalza perpetua
hasta que un caballero
de ella se apiadó
y un zapato parece que le dió
el zapato bien le quedó
y esa otra cosa también cupo.
La Caperucita Roja
tuvo que dormir con un lobo
pero todas nosotras
hemos dormido con lobos que roncan
y nos amenazan con el cielo y la tierra
con dias felices recogiendo
cabellos del lavabo
trayendo café y periódico
como amaestradas amas de amos.
Y los cuentos de hadas
colorín colorado
hasta ahora nunca se han acabado.

Fairy Tales And Something More

The dwarves didn't keep
Snow White as an ornament
she did her chores
mended socks
and who knows
how she ended her nights
in a room with seven precocious fellows
Cinderella cinders,
also no very easy road
washing other people's clothes
always barefoot
until a gentleman
took pity on her
and it seems he gave her one shoe
and the shoe fit her very well
and the other thing fit also.
Little Red Riding Hood
had to sleep with a wolf
but all of us women
have slept with wolves that snore
and promise us heaven and earth
happy days gathering up
hair from the washbasin
fetching coffee and the newspaper
as tamed mistresses of masters
and the Fairy Tales
rose-colored off-colored
have never had any ever after

La indocumentada

Indocumentada
con los alfabetos vacíos
y un abanico de huesos
girando entre los dedos
he olvidado las palabras
que nunca existieron
porque ellos me nombraban
al penetrarme en una
redondez de nubes
y secretos consagrados.

Indocumentada soy
la mujer
sin consonantes ni sonidos
sin mi nombre
para pronunciarme
y mis cabellos
son granizos, neblina
tiemblan
al escribirme
al juntar alimentos
porque todos
me echan de
los clubes
de los cines
de la sociedad de escritores
y los viejos poetas
hacen suyos mis
decires
mientras me llaman
angel
pez
luz
y
puta
por supuesto
mujeres.

Woman Without Papers

Woman without papers
with alphabets missing
and a fan of bones
whirling between the fingers
I have forgotten the words
that never existed
because they named me as they entered me
in a roundness of clouds
and sacred secrets.

Without papers I am
the woman
with neither consonants nor sounds
with no name
to pronounce myself
and my hair
is hail, fog
trembles
as I inscribe myself
as I gather up food
because they all
throw me out
of the clubs
of the movies
and society of writers
and the old poets
take for their own my
sayings
while calling me
angel
fish
light
and
whore
women
of course.

Mis amigas

A Cecilia y Jacqueline

Cecilia y Jacqueline
con 16 años
entre las piernas
y los zapatos equivocados
entrando por el orificio clausurado
borrando la noche
de los 16 años
secando orines
heridas machas de
viejos señores
velorios en amores

Cecilia y Jacqueline
con 16 años
entre los senos
de viento
que se mecen
atrapados en los dientes
de viejos poetas

aullando por la
falta de buenas palabras

Cecilia y Jacqueline
con semen de viejos limones
entre el paladar incendiado
de monedas cariadas

Encorvadas viajeras
del mismo círculo
penetradas más allá del deber
¿A dónde van
con 50 pesos
en los tobillos y
los zapatos equivocados?

My Friends

For Cecilia and Jacqueline

Cecilia and Jacqueline
16 years old
between the legs
and with mismatched shoes
going through the walled-up opening
erasing the night
of their 16 years
drying off urine
male wounds of
old gentlemen
keeping the death watch of love

Cecilia and Jacqueline
16 years old
between the breasts
of wind
that dangle
trapped in the teeth
of old poets

howling for
lack of proper words

Cecilia and Jacqueline
with semen bitter as old lemons
on the roof of the mouth burning
from rotten coins

Bent over travellers
going round the same circle
penetrated far beyond duty
Where are you going
with 50 pesos
in your heel and
in mismatched shoes?

Nevada

A Richard

Los desiertos no escuchan silencios,
dejaron de ser el sitial de las inmensas soledades
donde las hienas eternas, doradas,
se alimentaban de costillas azules,
esqueletos siderales.
Huesos-Huesos...

Los desiertos ya no son desiertos
se enredan en los huecos de la sombra
donde una mujer
abre sus piernas
y las ranuras doradas del lujo pre-fabricado
como un tiempo sin Dios
la penetra
en una navaja inútil.

Las mujeres, esas se llaman
María, Gabriela, Marina,
moran ellas
no las vírgenes
del sacrificado silencio
mujeres
convertidas por el tiempo del desierto
en las estatuas sedientas
donde el agua,
es otra máquina con ranuras,

Allí, moran
mujeres
haciendo la señal de la cruz
con las piernas abiertas
de tanto semen y tanto amarillo

No olvidemos aquí vivimos
en este otro desierto
donde los óvulos no se eternizan
caen como coágulos deformes azules
hacia otra inmensa soledad.

Nevada

For Richard

Deserts no longer listen to silences,
have ceased being ceremonial centers
of immense solitudes
where hyenas, eternal, gold-colored,
once fed on blue ribs,
sidereal skeletons.
Bones-Bones...

Deserts are no longer deserts
they flow into the hollows of shadows
where a woman
opens her legs
and the golden grooves of prefabricated luxury
as a time without God
penetrates her
like a worthless blade.

Women such as these call themselves
Maria, Gabriela, Marina,
they abide
not virgins
of sacrificed silence
women
converted by time spent in the desert
into thirsting statues
where water
is another grooved gadget.

There, abide
women
making the sign of the cross
with legs open
from so much semen and so much yellow

Let us not forget we live here
in this other desert
where ovules perish
falling like coagulates deformed and blue
toward another immense solitude.

Epitafio del barrio alto

Era una señora elegante
orinaba al amanecer
des
       pa
ci
       to.

Caperucita roja y la pluma

Antes de escribir me perfumo toda
para desearte mejor.

Menses

Me persigue
la sangre de los trece años cumplidos
que atrapó el ruido fugaz de mis ingles
Desde entonces,
me supe finalizada,
prohibida en un quehacer de lunas mortuorias
Fui encierro de trinidades,
en el ruedo de la falda,
en el corpiño de senos imaginarios.
Desde entonces me supe
enferma y me enseñaron
a no ser desnuda
en las puertas del sol
y en los días de sangre.

Epitaph From The Better Neighborhood

 She was an elegant woman
at daybreak she would urinate
ve
        ry
slo
    w
        ly.

Little Red Riding Hood and the Pen

Before writing I perfume myself all over
the better to seduce you my dear.

Menses

I am pursued by
the blood of my thirteen completed years
trapped by the fugitive stirring of my thighs
From that time on, I knew myself finished,
trammelled in a duty of dead moons
I was the enclosure of trinities,
in the circle of the skirt,
in the bodice of imaginary breasts.
From that time on I knew myself
ill and learned
not to go naked
to the Gate of the Sun
and on the days of bleeding.

La mudanza

Hacia la plena luz, fueron desechando los objetos. Las pinturas
acuosas, hostiles que adormecían los vanos museos de la casona.
Despojaron las mantas difíciles,
Penetraron al cuarto prohibido donde un anciano defecaba a hurtadillas
Se llevaron sigilosamente los vidrios
y entraron las brujas en una tormenta
de
aires.

Arrasaron las brujas, el cóncavo rincón donde ella se quería y
comenzaba mirándose mientras escribía un cuento
trastornada por el cristal de un espejo erizado.

Puntualmente en el tiempo justo,
el camión subió los baúles de los espectros
las alfombras manchadas por el orín de la avaricia
las sombras cancerosas deshabitaron los cristales de esa casa
donde alguna vez
tal vez
existieron.

Moving

In the plain light of day they were clearing things out. Paintings,
watery and sullen, that lulled to sleep the vainglorious galleries
of the manor. They stripped off the refractory covers, the ancient
eulogies of mournful ancestors. They penetrated the forbidden room,
where an old man was defecating on the sly.
Moving stealthily they carried away the windows
and the witches rode in on a tempest
of
breezes.

The witches levelled the concave corner where she loved to lose herself
and began staring at one another while she went on writing a story
turned topsy-turvy by the glass from a bristing mirror.

On the dot, at the precise moment,
the truck loaded the baggage of the specters
the carpets stained by avaricious urine
the cancerous shades deserted the windows of the house
where once upon a time
perhaps
they had lived.

Catálogo de la Real Academia de Belleza Chilena-Española Antoine Pérez Irrarázabal Jinete de Don Manuel Conde 2111

Academia internacional de matrículas cerradas
ofrece educación
de sonidos y falsos
maquillajes semi-artísticos
para la actuación en spot-light
mascarillas de hielo
expresión corporal trapezoíde
poses y peinados antibohemios
control de la silueta por
medio de yogurt y polenta
eliminación de celulitis y ajos
estética dental
desenvoltura de personalidad y
control de piernas estables
ademanes correctos
normas de presentación correcta
besos con lengua correcta
masticación de la literatura correcta
anomalías correctas
cursos de folklore y cultura correcta
charlas de geografía correcta.

No se enseña a desdoblar calcetines lúdicos
ni desprestigiar al respetable miembro de la falocracia
Vacante limitada

Tratar con Dolores.

Catalog of the Royal Chilean-Spanish Academy of Feminine Beauty Antoine Pérez Irrarázabal Jinete de Don Manuel Conde 2111

International Academy with limited enrollment
offers instruction
in tones true and false
semi-artistic makeup
for appearing in spotlight
icy masks
gestures of carpus trapezoid
anti-bohemian poses and hairdos
figure control by
means of yogurt and fiber
elimination of cellulitis and garlic
dental esthetics
development of personality and
methods for firming up legs
proper manners
rules for making proper introductions
kissing with the tongue in the proper position
chewing of proper literature
proper anomalies
courses of proper folklore and culture
talks about proper geography.

How to fold ludicrous socks not taught
nor how to speak ill of respectable members of the phallucracia.
Places limited.

Speak to Dolores

Defensa de la burguesa

No fui reina del adobe. Nací en casa de cemento, con un perímetro de jardín imaginado. No pasé hambre, ni tuberculosis, no tuve piojos en mi dorado cabello. Sufrí de Smog, me quebré un pie esquiando, pasé alergias y neurosis, sufrí indigestiones y abortos.

Nací rubia para luego reforzar el color de los elegidos colonos del cono sur.

Vestí interioridades de seda, sombreros de tul y turquesas en el vientre. Asistí regularmente al dentista para limpiar el ripio de mi ser.

Aprendí el Pop y el Rock. Aunque quería bailar cueca y hacer el amor a un guerrillero frondoso.

Pasé horas comiendo lápices, los falos del intelecto decían mis maestros . . . Pasé horas cerrando las piernas en la ranura perfecta pero un fraile con ojos de paloma me amó . . . . .

Desnuda me desnudé en verano. En la oscuridad de la marea nacieron los hijos como las olas en una playa de estacionamientos.

Ante la simetría del amor con mi marido el juez, me busqué amantes de barba azul y asistí al sortilegio de los cuartos prohibidos.

A la hora del té me declaraba adúltera, visitaba a poetas que después abandoné por ser más burgueses que Yo.

Aprendí de ocio a pintar naturalezas muertas, a tocar la guitarra pero no sentí la nostalgia andina.

Aprendí a hilar pero el huso no me pinchó.

Me fui a vivir con los indios, y con Ernesto, pero ellos expulsaron a la princesa rubia de su santo reino.

Ingresé al pabellón del descanso donde me garantizaban que con el sueño despertaría.

Defense of the Middle Class Lady

I was not queen of an adobe hut. I was born in a house made of cement with an imaginary perimeter around the garden. I never suffered from hunger or tuberculosis, I found no lice in my blond hair. I did suffer from smog, I broke a leg skiing, I had attacks of allergies and of neuroses, endured indigestion and abortions.

I was born blond so that later I could reinforce the color of the select settlers of the Southern Cone.

I wore silk underclothes, hats of tulle veiling, and a turquoise stone in my belly button. I went to the dentist regularly to have the debris of my being removed.

I learned Pop and Rock. Although I wanted to dance the Cueca and make love to a bushy-bearded guerrilla fighter.

I spent hours chewing on pencils, the phallus of the intellect, according to my teachers . . . I spent hours practicing closing my legs to create the perfect groove but a priest with dove-like eyes made love to me . . . . . .

Naked I took off my clothes in summer. In the darkness of the tide children were born like waves on the beach of a summer resort.

The symmetrical lovemaking of my husband the judge sent me looking for bluebeard lovers and I knew the enchantment of forbidden rooms.

At tea time I would announce that I was an adultress, I visited poets only to abandon them later for being more bourgeois than I was.

To kill time I learned to paint still lifes, to play the guitar, but never felt the nostalgia of the Andes.

I learned to spin but the spindle never pricked my finger.

I went off to live with the Indians, and with Ernesto, but they expelled the blond princess from their holy realm.

I entered a rest home where they assured me that by sleeping I would wake up.

A mi alrededor, todos se han quedado dormidos. Entonces, destapo la mordaza, todos duermen en este Hospital. Me desamarro lenta y segura. Descalza me retiro, mi melena de gata rubia se eleva, se eleva el pubis. La ciudad duerme velada por los samaritanos del anochecer. Y el balcón se mece esperándome con una cripta de tules azules..................

All around me, everybody was sleeping. Then I free the anchor chain, everybody is asleep in this Hospital. I slip the mooring slowly and surely. Barefoot I withdraw my blond cat's mane streams upward, my pubis rises up. The city sleeps watched over by the Samaritans of dusk. And the balcony sways back and forth waiting for me with a crypt of blue netting.............

La mesa de Billar en New Bedford, Mass.

Ella entró vestida
era clara y encorvada como un día cualquiera
o como un otro día,
ella era redonda y joven
con algo de Eva y con algo de María
Pero, ellos la vieron desnuda,
entraron bruscos por su pelo largo,
su pelo como cenizas
ellos la habitaban por las rendijas de sus ojos que se
        nublaban
mientras los falos asustados
la despedazaban como un trapo malgastado entre las
        cacerolas.

Ella entró vestida
como una luna
y le fueron deshojando sus misterios
sus faldas que se mecían
entre los dientes de los enanos rompiéndola, escupiéndola,
        acariciándola,
vagamente, torpemente.

Ella era celeste y vestía colores de río,
y ahora coagulada, fermentada, deforme
en una mesa de billar
New Bedford, Massachusetts
pueblo de ballenas y algunos hombres malolientes.

En la mesa de billar,
ella flotaba eternamente abierta despojada de claridades
y ellos hurgueteaban su vagina que ahora humeaba como una
        cloaca
como una boca de ballena naúfraga
incendiada entre los despojos.

The Billiard Table in New Bedford, Mass.

She came in clothed,
she was radiant and shaped like an ordinary day
or like another day,
she was soft, young,
with something of Eve and something of Mary.
But they saw her as naked
they stormed her long hair
her hair pale as ashes
burst through the crevices of her eyes that grew dim
as the shocked phalluses
tore her to pieces like a worn-out rag among the pots and pans.

She came in clothed
like a moon
and they kept stripping away her mysteries
her skirts that were dangling
between the teeth of the dwarves splitting her, spitting her out,
        fondling her
vaguely, crudely.

She was sky-like and wearing river colors
and now clotted, fermented, deformed,
on a billiard table
New Bedford, Massachusetts
town of whales and some foul-smelling men.

On the billiard table,
she was floating eternally open stripped of all brightness
and they were smearing her vagina, now fuming like a sewer
like the mouth of a drowned whale
blazing amid the refuse

Su blusa
era una ráfaga de humo chamusqueada
y ellos no la veían
ya no la veían desnuda
porque era una enrollada presa de colores purpúreos en
una mesa de billar
sus brazos inutilizados
no podrían colgarse del que tal vez la quiso
y ahora como una carne en una carnicería de velorios,
       amarrada a la mesa de billar

Ella duerme desnuda.

Her blouse
was a searing whirlwind of smoke
and they didn't see her
now they didn't see her naked
because she had become a purple huddle of plunder on
a billiard table
her arms made useless
could no longer embrace the one who once perhaps loved her
and now like a piece of meat being mourned in a slaughterhouse,
          bound to the billiard table

She sleeps naked.

No juzguéis

Jueces míos,
compañeros de oficina y de habitación,
padre mío que aún no llegas al cielo
Amigos y poetas
estos pezones que han dibujado en catedrales
y museos
que han acariciado como la corteza del árbol
o como pájaro terrestre atrapado en una
mano ondulante,
son míos,
como son mis pasos que avanzan
sigilosamente hasta llegar a una
costa de marfil, a una costa
nueva
y mi vientre, hundido por cicatrices costureadas
por brujerías y andanzas
es también mío
porque en él si me place, cargaré a una niña
cargaré a una flor o una palabra
para enseñarle a llamarse
y a vivirse en un siempre verano

Porque mis calzones multicolores como el musgo
también me pertenecen
como una voz perpetua y redonda.
Jueces míos
jamás habéis recibido veredictos y sentencias
de cómo colocar el pene
de qué hacer con los espermas centellantes
qué hacer con esa presa colgante y un poco incómoda
que les da el derecho
a ordenarme
a barrer mi cuerpo como hojas de podrido maíz

Judge Not

Honorable judges,
companions of the office and of home,
our father who has not yet arrived in heaven
Friends and poets
these nipples that you have outlined in cathedrals
and museums
that you have caressed as if they were tree bark
or terrestrial birds trapped in a
curving hand,
are mine,
as are my steps that keep advancing
stealthily until they arrive at an
ivory coast, at a new
coast
and my sunken belly seamed by scars
caused by witchcraft and events
is also mine
because in it if it pleases me, I will carry a daughter
I will carry a flower or a word
to teach it to know its name
and to live where it's
always summer

Because my mossy multicolor panties
belong to me too
like a voice perpetual and clear.
Honorable judges
you have never received verdicts and edicts
of how to place the penis
or what to do with the sparkling sperm
what to do with that somewhat uncomfortable dangling prey
that gives you the right
to order me
to strip my body like husks of rotten corn

Pero yo digo basta
y si deseo cortarme una mano
ó adormecer al niño dentro de mí
seré yo que me viviré
y os pido
déjennos vivirnos
y habitarnos en
árboles y ríos y
niños deseados
en una nueva costa de marfil.

But I say enough
and if I want to cut off one of my hands
or put the child inside me to sleep
I will be the one who will live me
and I beg you
let us live our own lives
and live among trees and rivers and
longed-for children
on a new ivory coast

Autos — Sin Retratos

No contaba
cantaba historias
de los cetros como escoba,
de las voces como atoros
y del falo triunfador sobre
la cuna sajada.

Fuí poeta
porque me hablaba a mí misma
examinándome la nupcialidad de mis muslos,
el flagelo de mis cabellos
y recitaba en la ciudad del humo
entre la niebla de los transeúntes
esparciendo por la sombra decires:
cosas que mi mamá no pudo contar.

La voz se destilaba en la superficie
de sordo-mudos que juzgaban
mi descalzo peregrinaje por el sub-way
o mis diligencias en busca de zanahorias
muy de madrugada.

La verdad: yo era una puta rubia de dientes completos
habitante del barrio alto y la poca soledad
porque así me condenaban
y entreojos me invadían las chuzas miradas
que desenredaban los ruedos de la blusa
la claridad de la falda de percal
Yo era una puta rubia que enseñaba en una escuela de damas.

Yo buscaba mi rostro entre las palabras que
el silencio no dejaba oír
vociferaba en las cantinas, en el country club.
¿Dónde me quedo yo?
¿Dónde me pongo al fin?

Selves — Without Portraits

Not saying,
singing stories
of scepters as brooms
of voices as obstructions
and of the phallus triumphant over
the scarified cradle.

I was a poet
because I talked to myself
as I examined the nubility of my thighs,
the whip of my hair
and recited in the city of smoke
amid the fog of passers-by
scattering sayings among the shadows:
things my mother could not tell.

The voice fell drop by drop onto the surface
of deaf-mutes who sat in judgement on
my barefoot pilgrimage by subway
or my diligent search for carrots
in the early morning.

Truth was: I was a blond whore with all my teeth
inhabitant of the best neighborhood and of little solitude.
because they condemned me as such
and by side glances their eyes stabbed me like lances
undid my blouse
my light percale skirt
I was a blond whore who taught in a school for young ladies.

I searched for my face among words that
the silence didn't let me hear
I made a racket in the bars, in the country club.
Where am I myself to be found?
Where can I put myself at last?

¿Dónde reposar en este aire
de suicidas incompletos
de señores que tiritan escondiéndose
ante una mujer
como yo
quebrada por el tiempo infame
de la memoria que me olvida
y niega que también
soy más que una hechicera
más que una caja de hijos muertos
más que una puta seductoramente triunfal?

Where can I rest in this atmosphere
of uncompleted suicides
of men who shiver and hide
from a woman
like me
broken by the infamous season
of memory that forgets me
and denies that I am too
more than a sorceress
more that a vessel of dead children
more than a whore successful only at seducing?

Gitano

Me gustaría adormecerme
en la cadera de un gitano
imaginármela ondulante, redonda,
de plata
como una nupcial guitarra.

Tiernamente balancearme junto a él,
deshojando sus zapatos
y respirar su dureza, y su olor a romeros.
Irme tras él sin irme
a la Andalucía
que nunca he visto,
a las piezas oscuras, sin fin
a las aceitunas que aún conservo en el
olvido.

Me gustaría quererte gitano,
en una noche de viruelas estrelladas
arroparnos en la oscuridad del hondo canto
de hechizos fermentados
como las uvas,
como los cuchillos sagrados,
en la noche incauta y veloz
como una canción.

Gypsy Boy

I would like to fall asleep
in the hip-curve of a gypsy boy
imagine myself there curving, rounded
silvery
like a nuptial guitar.

To lean tenderly over him,
untie his shoes
and breathe in his hardness
his smell of rosemary.
To go with him without going
to Andalucía
that I have never seen,
to dark rooms, endless
to olives that I still keep in a
forgotten place.

I would like to love you gypsy boy
on a night pocked with stars
the two of us wrapped
in the darkness of the canto jondo
of witchcraft fermented
like grapes,
like the sacred knives,
on a night reckless and swift
as a song.

La Danza

A Rosario Ferré

Y bailé ahogada
en el cetro azul
que flotaba entre las piernas de mi madre
y bailé en su vientre
señales ocultas que me anunciaban.

Y bailé en la cuna
con un eclipse pendular
mientras los demás mecían para mí
un destino tranquilo
quemando hojas en la llovizna
de un cuarto siempre atrás.

Pero yo bailaba
entre las piernas de mi nana-redonda
de la nana-nupcial con senos de olor
a humo
yo bailaba atrapada en su delantal
y todos los olores del cilantro
brotaron en mis pies.

Ella me cantaba:
niña baila
porque bailando te desenredarás.

Y bailé cuando el virgo rozó en el coral
titilante de mí
y bailé cuando la sangre me despertó:
niña ven, niña álzate
mujer no dejes de bailar.
Aunque te devuelvan a medianoche
por haber jugado sin las cartas de verdad
por haber sido incauta-ilegal.

The Dance

For Rosario Ferré

And I dance submerged
on the blue perch
that was floating between my mother's legs
and in her belly danced
dark signals to announce myself.

And in the cradle I danced
with a wavering eclipse
while others dangled before me
a tranquil destiny
burning leaves in the drizzle
of a room always in the back.

But I always danced
between the legs of my rounded nana
my nuptial nana with breasts smelling
of smoke
I danced caught in her apron
and all the odors of the coriander
sprang up at my feet.

She sang to me:
niña dance
because dancing will making you grow straight.

And I danced when the hymen grazed the coral
quivering inside myself
and danced when blood woke me up:
niña come niña get up and
woman don't stop dancing
even if they return you at midnight
for playing with false cards
for being reckless, lawless.

Yo bailaba yo bailaba
cuando te enterramos abuelo
y hasta la primavera se
complació en acompañarte
ese 18 de Septiembre mes
de mi nación.

Y bailo cuando te beso
y los dos nos aclaramos en la
redondez del hueco generado.

Bailé en un salvaje cristal
cuando tú me decías
báilame que así te quiero ver
bailar.

Bailé en las camas de señores respetuosos como gallinas
y como se deleitaban en la contemplación
de su vagamente erguido instrumento
mientras yo iconoclasta bailaba ausente y desde lejos.

Bailé cuando me perseguían
en las noches de azar y amenaza
por las granadas como el ron que
no acortaron mi sed...

Bailé cuando me perseguían
los celos de esa mujer
que nada pudo
por quererlo todo
y también a ti...

Bailé en otoño encima de las hojas
violé las leyes del verano
y le bailé al océano delirante macabro y azul
bailé en invierno
aquí en el norte lejano
en una casa atorada por las buenas brujas...

Bailé ventanas, bailé hongos y caracolas
bailé en Conchalí
Aguasanta y Curacaví.

I was dancing I was dancing
when we buried you Grandfather
and even the springtime was
happy to go with you
that 18th of September month
of my nation.

And I dance when I kiss you
and the two of us speak our hearts in the
roundness of the space we create.

I danced in a wild mirror
when you said
dance for me because that's how I love to see you
dance.

I danced in the beds of gentlemen respectful as hens
and how they delighted in contemplating
their somewhat lifted instrument
while I iconoclast danced absently and from far away.

I danced when they pursued me
during nights of danger and menace
because the pomegranates like rum
did not satisfy my thirst...

I danced when I was pursued
by the jealousy of that woman
who could do nothing
for coveting everything
and you included...

I danced in autumn on top of the leaves
I violated the laws of summer
and danced to the ocean delirious macabre and blue
I danced in winter
here in the far north
in a house chock full of good magic...

I danced windows, danced mushrooms and snails
I danced in Conchalí
Aguasanta and Curacaví.

Bailé guitarras de nostalgias que nunca tuve
bailé pampa sin tamarugal
bailé a mi ciudad.

Bailé en busca de vegetales y canciones
en busca de arroz para sostener al mundo
en busca de un estacionamiento
en busca de leche y papel...

Bailé descalza nocturna y diurna
bailé palabras semánticas fónicas
dáctilas trocaicas
menudas y agudas
porque hoy yo bailo
y me alargo como una mesa redonda
donde los pies me aplauden al pasar
y hierven con ese baile parecido
al fin del mundo.

Porque si hoy es el fin del mundo
¿quién podría dejar de bailar?

I danced guitars of nostalgia that I never had
I danced the plain without groves of mesquite
I danced to my city.

I danced in search of vegetables and songs
in search of rice to nourish the world
in search of a stopping place
in search of milk and paper...

I danced barefoot nightly and daily
I danced words semantics phonics
dactyls trochaics
small and sharp
because today I am dancing
and expanding myself like a round table
where feet going by applaud me
and seethe with this dance so like
the end of the world.

Because if today is the end of the world
who would dare to stop dancing?

Aniversario

A José

El día que me muera
pido mucho sol
en el cementerio.
Ojalá que me piensen
como la loca que vestía
gorros de lana
en la raíz del verano
la loca que gozaba escupiendo
semillas, girasoles
la vieja loca
vestida de celeste
y el cabello violeta,
la dama.

Memorícenme como esa que le hablaba
a la luna
y guardaba miradas en la
tibieza de las manos.

No me despidan
acompáñenme a dar un paseíto por la tierra.

Memorial Service

For José

The day I die
I ask for a lot of sun
in the cemetery.
May they think of me
as the crazy woman who wore
woolen scarves
in the midst of summer
the crazy woman who loved to spit out
seeds, sunflowers,
the old crazy woman
dressed in blue
with violet hair,
the lady.

Remember me as the one who talked
to the moon
and kept glances in the
warmth of her hands.

Don't say good-bye to me
come with me for a little walk over the earth.

Testamento de Elena Gascón

A Elena

Mi amiga me cuenta un sueño,
es un secreto en testamentos,
ella quiere mucho sol
en la vereda del santo entierro
quiere agua, raices silvestres,
reencontrarse con el pelo
que crece lozano
al compás de las uñas.

También quiere encontrar
todas las cosas perdidas
los lápices y las notas olvidadas en
cacerolas y cajones,
los archivos de la sagrada hoja
de su memoria.

Ella, todo lo quiere encontrar
para ver y seguir viendo,
entonces, después,
de visitar el cuarto
de los hallazgos
con la alquimia de todo
lo que ha sido,
ver a los amigos,
celebrándose en una copa almendrada,
en una copa de greda,
verlos imperfectos
como una memoria
que no olvida.

Verlos allí,
dormidos y risueños
entre una luna frenética
iluminándolos como una aura blanca
sobre los muertos
más vivos
que ella
conoció
jamás.

Elena Gascón's Will

For Elena

My friend tells me a dream:
a secret in the form of a will,
she wants abundant sunshine
on the way to the burial
she wants water, wild roots,
and to find herself complete again with her hair
growing luxuriantly
along with her nails.

And then, she wants to find
all the misplaced things
pencils, scribbles left behind in
casseroles and cannisters
the archives containing the sacred leaf
of her memory.

She herself wants to find every single thing,
to see and to go on seeing,
then later,
to visit the place
of the found things
with the alchemy of everything
that has ever been,
to see her friends,
to celebrate together with a drink of almond milk,
from a cup made of clay,
to see them imperfect
as a memory
that forgets nothing.

To see them there,
sleeping and smiling,
with a frenetic moon
illuminating them casting a white aura
over the dead
more alive
than she
had ever
known.

Mis Versos

Comentan que mis versos
son eróticos-falocráticos-obscenéticos
atrévanse no más
digan la verdad:
soy una poeta caliente
aficionada a las uvas
y al tinto.

A los hombres de buena
voluntad
y pocas palabras.
A los hombres
de espaldas como cama
para afirmarme en la noche
salvaje
silvestre
volcánica
como los buenos versos.

My Verses

It's said my verses
are erotic-phallocratic-obscenetic
they only try
to say the truth:
I am a warm poet
fond of grapes
and red wine

of men of good
will
and few words.
Of men
with backs like a bed
to close with me in the night
savage
wild
volcanic
like good verses.

Quereres

Jamás pretendí el ascenso sublime
hacia las amuralladas estirpes del
claustro bibliotecal.
Tampoco a ser una de ellos: precisa y sin pausas
cauta en la ortografía, en el humo y en el alcohol.

No quise la fama solapada en una solapa de epitafios profesionales
en esos rótulos de incógnita ...Poetisa notable, poetisa locuaz.

Sólo quise llegar a tí Cenicienta feucha,
sin reírme de tus pies desgraciadamente inmensos
Sólo quise llegar a tí Manuel,
sin juzgar las andanzas de tu noche y tus ojos
que esperan ser recogidos
en una neblina mústia y azul.

Nunca quise reírme de nadie, porque ni lector pretendí,
sólo uno que otro amigo
que por aburrimiento pero jamás por deber
decidió mientras esperaba el tren
leer estos versos.

Wishes

I never tried to make the sublime ascent
toward the forefathers walled up in the
cloistered library.
Nor to be one of them: precise and without pauses
cautious in matters of spelling, smoke and alcohol.

I didn't want the fake fame of fallacious epitaphs professionals use
in those labels for the incognita....noteworthy poetess, loquacious
    poetess.

I only wanted to reach you homely Cinderella
without laughing at your sadly vast feet
I only wanted to reach you Manuel
without criticizing your nightly
comings-and-goings and your eyes
waiting to be gathered up
in a blue and gloomy fog.

I never wanted to make fun of anybody, never even went after readers,
just one of two friends
who out of boredom but never out of duty
would decide while waiting for the train
to read these verses.

Boom

La María Luisa Bombal
poco escribió
aunque bien lo hizo
y eso es decirlo todo
no la tilden de excéntrica
ni de exigua en sus palabras
no se rediman inventando premios
en su mortuorio honor
yo me pregunto
¿por qué no la leyeron?

A Nicanor Parra
se le quedó pegado el disco
demasiados coitos coloquiales
y espejos llenos de monjas y moscas
demasiadas mujeres
con las imposibles piernas
y el pobre lector
se cansó de que se rían de él.

Pablo Neruda era un poeta gordo
pero no sólo en las palabras
era gordo de verdad
en el estricto sentido del término
es decir gozaba de las papas fritas y el congrio
de las uvas y ¿por qué no las cebollas?
por eso fue tan prolífico el alcalde señor duende de la Isla Negra
muy poca hambre pasó.

Ahora toditos quieren ser la Violeta Parra
y bautizan a las niñas bien con su nombre:
Violeta Larraín, Violeta Echeñique, Violeta Cox,
pero ellas no son celestes
son damas ceremoniosas
aprendiendo a tocar mal la guitarra.

Boom

Maria Luisa Bombal
wrote little
but wrote it very well
and that says it all
don't brand her as an eccentric
or of hoarding her words like a miser
there's no redemption in inventing prizes
in her mortuary honor
I ask myself
why didn't they read her?

As for Nicanor Parra
his needle got stuck in the groove
too many colloquial couplings
and mirrors filled with nuns and flies
too many women
with impossible legs
and the poor reader
got tired of being laughed at.

Pablo Neruda was a heavy poet
but not only in his words
he was heavy really
in the strict sense of the word
that is he loved French fries and eel
grapes and why not? onions
that's why he was so prolific the mayor-señor-spirit of Isla Negra
very few times was he hungry.

And now just about everybody wants to be Violeta Parra
and good little girls are named for her:
Violeta Larrain, Violeta Echeñique, Violeta Cox,
but they are not divine
they are proper ladies
playing at learning to play the guitar.

Julio Cortázar
soñaba en francés
por eso inventó a la Maga
suspendida en un puente de azares
érase un poco cursi
como un mal personaje de novela.

Yo nunca he visto
a ninguno de los dos Borges.

Julio Cortázar
always dreamed in French
therefore he invented Maga
suspended on a bridge of chance
she was a bit tacky
like a bad character in a novel.

And I have never seen
either one of the two Borges.

El Ajo

A Pablo Neruda

No imaginan Ustedes
lo mucho que brindo por
el ajo
con su alquimia de olores
y tejidos
equilibrándose por
mi piel
y gozo desnudándote ajo mío
con tus dientes tan hermosos como
el ángulo de la media-luna

Ajo compañero como
me delatas
dolores tan calmados
de la infancia
cuando nadie tenía memoria
y la nana María
te incrustaba como
una piedra
sagrada
en el cáliz de mi oído.

Y ahora tú aquí tan presente
en la cena de esta noche
envejeciendo junto al fuego
y los olores de la carne
como fiel guardián
del plato familiar
alimentándonos con tus plenos poderes
porque eres brujo-herbatero
como un vino que cruza
la mesa y habla cantando.

Garlic

For Pablo Neruda

You can't imagine
how many toasts I drink to
garlic
with its alchemy of odors
and textures
spreading over
my skin
and how much I enjoy undressing you garlic mine
with your teeth as beautiful as
half-moons.

Old friend garlic how
you recalled for everyone the
childhood
aches you soothed for me
when everybody had forgotten
and the nana María
placed you like
a sacred
stone
in the
chalice of my ear.

And here you are in the flesh
in the dinner tonight
growing older next to the fire
and the smells of the flesh
like a faithful guardian
of the family repast
nourishing us with your full powers
because you are a magical plant
like a wine that crosses
the table and speaks in song.

Porque eres el que curó
a la abuela de espasmos
y malicias en el vientre
y ella celeste
te venera
comiéndote crudito
como un pez lleno de sol.

Ajo mío
cuánto me entristece
los que huyen
de tu aroma,
ellos huyen de
la vida
ignorantes de tus collares de marfil
envidiados por las «buenas señoras.»

Ajo hermano
cuánto te bendigo
mientras beso al que quiero
y el también me quiere
porque nos llenamos de luces
y los párpados movedizos
despiden una corteza como tu piel
venerable y triunfante
como el ajo.

Because you are the one that cured
grandmother of spasms
and stomach troubles
and she venerated you
like a saint
eating you just as you are
like a fish full of sun.

Garlic mine
how I am saddened
by those that flee
from your aroma,
they are fleeing from
life
unknowing of your ivory-like beads
coveted by women of «good family».

Brother garlic
how I bless you
as I kiss the one I love
and he loves me too
because we fill each other with light
and our fluttering eyelids
broadcast an aroma like your skin
venerable and triumphant
like garlic.

Oración

Créeme,
no es tiempo de rescatar huesos,
del río
ni pedazos de niño roto,
¿Para qué zurzir un brazo muerto?

Es hora de orar por los caracoles
por la huella donde nació la playa,
regresar al jardín, y por años interminables
desenterrar cebollas.

Mi Nación. y los sistemas de correo.

Dirección Insuficiente,
casa deshabitada
voló como paloma en soledad
Ausente
Fallecido
Mutilado
Rehusado
Desconocido en los círculos sin salida
No existe tal nombre
DESAPARECIDO.

Prayer

Believe me,
this is not the time
to gather up bones from the river
not even pieces of a broken boy
Why bother to sew a dead arm back on?

It is the hour to pray for the snails
for the trace where the shore is born,
to go back to the garden and
to spend endless years
digging up onions.

My Country and the postal system.

Address Insufficient,
house uninhabited
flew away like a lonely dove
Absent
Deceased
Mutilated
Refused
Unknown in circles without exit
Such a name doesn't exist
DISAPPEARED.

Escúchame Ana Frank

A John

Oyéme Ana Frank
¿en verdad creías que todos los hombres eran buenos?
mientras muy a lo cerca
quemaban los bosques
que se entrecortaban en tus ojos de pozo blando.
mientras no orinabas hasta después del atardecer
porque el orín de una niña judía
delataba a los desdentados gendarmes
acechando la fragilidad de tu memoria.

Ana,
¿me decías que quedaban hombres buenos?
que no te acusaban jamás
mientras te traían lápices, cuadernos y espejismos desmayados.

Escúchame de una vez Ana Frank
parece que te bastaba asomarte entre las rendijas de la ratonera
acomodar tu insomniado pelo
mirar al cielo,
ver y no ver botellas azules como peces, marcando el rumbo de las
            nubes
despertarte con los silbidos de algún lobo
pero tú, siempre tú
seguías enamorada
porque tus senos crecían como un humo delgado y suave.

Ana Frank
nunca te leí tan lúcida
con tu cuaderno bajo el brazo desnutrido
con los afiches de Greta Garbo
y entre las palabras
«I still believe that people are really good at heart»
entonces alguien escuchó que hoy habían quemado árboles y judíos
tu decías que:
«I must uphold my ideals for perhaps the time will come when I shall
be able to carry them out.»

Listen To Me Anne Frank

For John

Listen to me Anne Frank,
did you really believe that all men were good?
even though very close by
they were burning the forests
that crackled in the tender pools of your eyes.
even though you didn't urinate until after dark
because the urine of a Jewish girl
would alert the toothless guards
waiting to ambush your fragile memory.

Anne,
so you kept telling me that there were still good men
that they never denounced you
while they were bringing you pencils, notebooks and sickly illusions.

Listen to me for once Anne Frank
it seems it was enough for you to look out between the bars of your
rattrap
to arrange your sleepless hair
to gaze at the sky
to see and not see bluebottles like fish, marking the direction of
the clouds
to wake up at the whistle of some Big Bad Wolf
but you, you were
always enamored
because your breasts were growing delicate and smooth as smoke.

Anne Frank
I never read you so lucid
with your notebook under your undernourished arm
the notebook with the pictures of Greta Garbo
and among the words:
I still believe that people are really good at heart.
Then someone heard that on that day they had burned trees and Jews
and you were saying:
I must uphold my ideals for perhaps the time will come when I shall
be able to carry them out.

Ana Frank
nunca te supe tan valiente
cuando la embarcación de necios verdugos
cortó burlonamente tus orejas
jugaron con tus ovarios recién nacidos
juegos de dagas y sangre fermentada
raparon tu cabello
para reírse mejor
sellaron tus ojos huecos.

Pero tu boca no se hizo un desierto en la mudez de los tiranos
y yo pensaba en el desierto de Atacama y una niña sacando una mano
entre los manantiales
y pensaba en Lonquén y en la verguenza de los mentirosos
(Lonquén es un horno como el horno en que murió tu madre y y todos
los hermanos, compañeros)

Ana Frank
contéstame desde la tumba descompuesta entre los gusanos
¿en verdad creías en los hombres buenos
mientras te desatabas el cabello, descalza pisabas el aire
y siempre mirabas al cielo?

Anne Frank
I never knew you so courageous
when the crew of stupid executioners
slashed your ears as a joke
played games with your newly awakened ovaries
games of daggers and clotted blood
they shaved your head
for greater amusement
sealed up your empty eyes.

But your mouth did not dry up like a desert amid the muteness of
the tyrants
(and I was thinking of the desert of Atacama and a little girl
pulling a hand from the waters of a spring)
and I was thinking of Lonquén and of the shamefulness of the liars
(Lonquén is an oven like the oven where your mother died, all your
brothers and companions)

Anne Frank
answer me from your decayed tomb amid the worms
did you really believe there were good men
even as you loosened your hair, and walked barefoot through the
air, still gazing at the sky?

Los alérgicos

Hoy todo me saca de quicio
la increíble primavera
con su polen de cicuta,
me enmudece los ojos,
ya no se puede respirar,
y respirar
eso es lo que pido....
y que la sal me entre por el vientre
para clarificar mis estornudos
la picazón de los ojos derretidos
ésta es la triste verdad de los alérgicos,
que se mudan de domicilio
o de a pie cruzan la cordillera
en busca de otros lares,
de otros climas,
con florestas civilizadas,
también tienen derecho
a buscar el hueco
para refugiarse del
mal tiempo.

The Allergic

Today everything sets my teeth on edge.
the incredible springtime
with its hemlock pollen,
closes my eyes,
already can't breathe
and to breathe
that's all I ask. . . .
and that salt might seep through my stomach
to clear up the sneezing
the itchy streaming eyes
the sad truth about the allergic is
that they will move to another house
or cross mountains on foot
in search of other homesteads,
other climates,
with civilized flora,
they also have the right
to look for a hole
in which to take refuge during the
bad times.

Estados Unidos

Estados Unidos,
yo no invoco tu nombre
en vano,
ni te acuso por
desvirginar tantas estrellas
sólo me adhiero
a tus inmensas soledades
y entiendo que no es tu culpa
el haber inventado la vida en
ready-made
ni los anocheceres dorados
de Miss Monroe,
Aunque confiésate
que gozabas de la triste enfermedad
de los pueblos mansos
y trepaste hasta la vía andina
para llenarte de cobres, cromosomas, de fusil
pero pensándolo bien.
Me paseo por Managua, San Salvador
por la Avenida Providencia en Santiago de Chile
y todos vestimos botas de Cowboy
en un sordo diálogo de Rock and Roll.

United States

United States
I don't invoke your name
in vain
nor do I denounce you for
deflowering so many stars
I am attached only
to your immense solitudes
and I understand it is not your fault
if you invented life
ready-made
not even the golden yesternights
of Miss Monroe,
But admit now
that you have the tragic sickness
of tame peoples
and climbed up the Andean way
to fill yourself with copper, chromosomes, guns
after thinking it over very carefully.
I walk through Managua, San Salvador
down Providence Avenue in Santiago de Chile
and we are all wearing cowboy boots
amid a deafening dialog of Rock and Roll.

Los desaparecidos

Los desaparecidos,
¿dónde están?
¿Dónde está el Miguel con el pan en los bolsillos?
¿Dónde está la señora Rosa?
y el eco de la sangre
empaña preguntas,
y el aire se me mancha como la sangre.

Una rajadura,
una costra como un grito en el sepulcro,
vaticinan que las gargantas segregan silencios,
palabras nunca y siempre dichas
despedidas del amanecer y el amor.

Yo soy hembra sin fusil
pequeña y de cabellos azules como el ácido
que busca tras los hospitales de una morgue improvisada
tras iglesias censuradas
tras los signos de mis viudas
entonces
yo juro apoderarme de la palabra
ir con ella por los muros de la ciudad
ir con ella donde anduvo el látigo
ir con esta palabra
que Dios no me dió
al encuentro de las bocas desdentadas
como el hambre
ir en busca de tus ojos

Yo juro ser la palabra
pero nunca lamentar a los
muertos que hoy y siempre
están.

The Disappeared Ones

The disappeared ones,
Where are they now?
Where is Miguel with his pockets full of bread?
Where is Señora Rosa?
and the echo of blood
muffles questions
and the air itself splatters me with blood.

A split,
a scab like a scream in the grave
foretell throats spilling silences
words never and always said
farewells to dawn and to love.

I am an unarmed woman
small and with hair blue as acid.
I search behind hospitals for a makeshift morgue
behind forbidden churches
beneath the traces of my Chilean widows
then
I swear to arm myself with the word
take it along the walls of the city
take it where the whip went
take this word
not given by God
to seek out the toothless mouths
as hunger does
go in search of your eyes.

I swear
to be the word
but never to lament the dead
who are present.
Now.
Forever.

Balada del desterrado

Apiádate verdugo
del exiliado,
del vanamente perseguido
que sólo quiere ver el paisaje
de su tierra
la cordillera de los andes silbándole desde cerca.
los vientos de un vuelo en ascensor
la cabellera enlunada
de la madre
paseándose menuda, inclinada
liviana entre las harinas...

Que regrese señor el errante
el ajeno a toda hora
para que descienda fresco, saltarín por los rios de la patria
por los bosques tan azules
hasta encontrarase con los tobillos
de la Maria
y las araucarias de la memoria.

Escucha señor
que no te arrepentirás
del silencio del forastero
que ante el tiempo degollado
ensordece y espera entrecortado.

Déjalo señor
que regrese al patio de su casa
a la paz de las gallinas
a los limoneros en sus sitios
a las basuras de su calle
al rostro de un día
en su país.

The Exile's Ballad

Have pity señor Hangman
on the exile,
the one hunted for no reason
who only wants to see the landscape
of his earth
close by the cordillera of the Andes whistling to him
the winds of ascending wings
the moonlit hair
of the mother
walking back and forth small, bent
slight between the flour and the salt.

Señor let him return the wanderer
the stranger every hour of the day
so that he may go leapfrogging, frisky
down the rivers of the fatherland
through intense blue groves
until he runs into María's heels
and the remembered araucaria flowers

Listen señor
you will not regret
the silence of the outsider
who in cutthroat times
grows deaf and waits broken.

Forget it señor
let him come back to the patio of his house
to the tomb of the grandfather
to the tranquillity of the chickens
to the lemon trees in place
to the garbage in the streets
to the countenance of a day
in his land.

Lejos

Mi país es un astillero
anclado dentro de mí
curvándose por entre
las rodillas y la piel
aún húmeda de sol.
Mi país es una frazada de estrellas como viruelas
una rapsodia de voces nulas
que aparecen para penar a la luna
por el pellejo raptado
a plena luz.

Mi país es un frasco azul
oculto y radiante como el mar
o la sombra de tus ojos que nunca serán azules.

Mi país es un hombre
a quién amé
y cuando me besaba
mis piernas eran una lluvia
como un bosque o una
frontera de agua santa.

Mi país es color de humo
y planchas de carbón
que adormecidas empañan
las casas de adobe.

Mi país
es mi casa con las llaves
ocultas esperándome,
en la playa.

Far Away

My country is a slender pier
anchored inside me
curving between
my knees and skin
still damp from the sun.
My country is a tatter
of stars like pockmarks
a rhapsody of useless voices
that come out to mourn the moon
through the ravished pelt
of plain daylight.

My country is a blue vial
hidden and radiant as the sea
or the shadow of your eyes
that never will be blue.

My country is a man
whom I loved
and when he kissed me
my legs turned to rain
to a grove
to a boundary of holy water.

My country is the color of smoke
and coal-heated irons
that drowsily envelop
the houses of adobe.

My country
is my house with the keys
hidden waiting for me,
on the beach.

Ralún

En Ralún se encontraron las aguas,
el mar se estrechó con el río,
un volcán encapsuló el aire
y germinaron los páramos dorados, las arenas movedizas
              derrumbaron estiércoles
el sol crepitó sobre la niebla,
muy lejos de los hombres nació Ralún,
poblándose de barcas invisibles
que no se apresuraban en llegar a ninguna orilla.

Y ella un día movediza se deshizo de las aguas
se comió a Ralún
entonces llegaron con los hombres los tábanos incautos,
los japoneses las monedas y el alquiler,
un hombre trajo cemento para moldear las olas de los ríos
para adormecer volcanes
para adormecer el labio de una mujer enamorada del humo en su
              risa.

El mar fornicó al río
el río luminoso entró por la ventana
para quedarse tras una reja condenado, envenenado, recogiéndose
              a sí mismo
como un hombre fetal, nocturno, despierto.

¿Ralún, Ralún que han hecho de tí después del des-encuentro?
¿Ralún quién te pobló de hierbas cegadoras
de bebidas y marejadas
de hombres incrustados en tus barcas, inmóbiles, seduciéndose
ante el espectro de una sombra envejecida?

Y tú ¿porqué me llevaste a Ralún?
y en mis nalgas incendiaste una flor
que no había sido clavada en un museo
o en la solapa del protector
era una flor y nada más.

Ralún

In Ralún the waters came together,
the sea embraced the river
a volcano gathered in breezes
and the golden plains were born,
quicksands tore down dunghills
the sun crackled over the fog,
far far from men Ralún was born,
filled itself with invisible boats
in no hurry to arrive on any shore.

One day, she shifting, undid the waters,
swallowed up Ralún,
then, arriving with the men the reckless gadflies
the Japanese, coins and rent
one man brought cement to mold the waves of the river,
to put to sleep the volcanos
to put to sleep the lips of a woman
in love with the smoke of his laughter.

The sea fornicated with the river
the luminous river came in-went out through the window
to remain behind bars condemned, poisoned, curled in on itself
like a fetal man, nocturnal, alert.

Ralún, Ralún, what have they done with you since the dis-encounter
who filled you with blinding grasses
with dregs and undercurrents?
with motionless men sitting in your boats
seduced by the spectacle of a shadow grown old.

And you why did you bring me to Ralún?
and kindle a flower on my buttocks?
it had not been hung in a museum
or pinned on the lapel óf a protector
a flower it was and nothing more.

Llegamos a Ralún bebidos por la fugacidad de un automóbil
en azufres
y los tábanos atestiguaron de nuestra venida
al devorarnos los labios, entremeterse en el orificio de las
piernas
ahora tú y yo mudos en Ralún,
ciegos por la plaga de nubes que desde la ciudad nos
sigue asustadas,
entonces ya nadie puede amarse en Ralún,
las camas son
las criptas trasladadas del extranjero
tú ya no puedes iluminarme
yo ya no puedo ausentarme para volver redonda a tus pies.

En Ralún la memoria ya no vive
felices las barcas apresuradas deliran por transportarnos a
una orilla limitada
por una infamia gris de tu vestimenta,
de tu billetera en cocodrilos en cueros muertos
y yo ya no quiero regresar
quiero permanecer en Ralún
hasta que una esperanza nos devuelva
y nos vuelva a encontrar
con el agua
de Ralún.

We reach Ralún dizzy from the speed of the sulphur-coated car
and the gadflies witnessed our coming
began to devour our lips, mingle in the orifice of the legs
now you and I speechless in Ralún
blinded by a plague of frightened clouds that followed us from the city
then no longer can anyone love another in Ralún
the beds are
crypts brought in from abroad
no longer can you fill me with light
no longer can I go away then come back to circle your feet.

In Ralún memory no longer lives
the delirious boats gladly hasten to carry us across to a restricted shore
because of the gray infamy of your clothes
and your billfold made of alligators' skins, dead skins
and I no longer want to go back
I want to stay in Ralún
until a hope turns us round
and we turn to find ourselves
with the water
of Ralún.

Espejo de noche iluminada

Hablábamos de Chile,
y creí verte entre los otros,
con tus manos escondiendo
una rosa,
Aquí,
al otro lado del mar
entonces regresé para
subir los escalones de casa
y arroparnos en la noche santa.

Éramos tan antiguos y buenos
junto a los troncos
y yo hilvanaba tu pelo
que se aclaraba en mis manos.

Las luces del salón despiertan
al transeúnte
Aquí
al otro lado del mar,
articulando palabras prestadas
sólo sé que esos
escalones de madera
viven en mis piernas
y mis manos,
al soñarte,
se llenan de mortecinas espinas

Y tú, estás más allá de la memoria
mucho más lejos que el
Mar.

Mirror of Bright Night

We were talking about Chile,
and I thought I saw you among the others,
with your hands hiding
a rose,
Here,
on the other side of the sea
then I went back to
ascend the stairs of the house
and we wrapped ourselves in the holy night.

We were so old and good
next to the tree trunks
and I braided your hair
that turned light in my hands.

The lights of the room awaken
the passerby,
here,
on the other side of the sea
articulating warmed-over words
I only know that those
wooden steps
live on in my legs
and in my hands,
when I dream of you,
they are filled with half-dead thorns,

And you, you are beyond memory
much farther away than the
Sea.